慧 불경연구원 사경집

금강경 1

고려대장경판 구마라집 漢譯

이각스님 韓譯

KB220171

定慧 불 경 연 구 원 사 경 집

금강경

金 剛 般 若 波 羅 蜜 經

1

초판 1쇄 발행 2016년 9월 10일

번역 정혜불경연구원 원장 이각스님
펴낸곳 도서출판 지혜의눈
편집 및 디자인 도서출판 지혜의눈 편집부

출판등록 2007년 11월 30일 224-90-76015
주소 경북 상주시 공검면 오태지동길 185-15 2층
이메일 rafulra@naver.com
전화번호 054-541-2057
팩스 054-541-9030
홈페이지 2gak.com

ISBN 978-89-958954-8-1 94220
         978-89-958954-7-4 (전3권)

저자와 출판사의 허락 없이 내용의 일부를 인용하거나 발췌 및 전재하는 것을 금합니다.

값 30000원

훈慧 불경연구원 사경집

금강경

金剛般若波羅蜜經

1

이각스님 譯

지혜의 눈

이 책은 실로 꿰매어 제본하는 사철방식으로 만들어졌습니다.
사철방식으로 제본된 반양장본은 오랫동안 보관해도 책이 손상되지 않습니다.

～～～～～～

이 땅에 숨겨진 듯 드러난 깨달은 스승.

이각스님께서는 불경해석도량 도각사道覺寺의 회주會主이자 열다섯 제자들의 따뜻한 아버지, 길 찾는 수행자들에게는 눈 밝은 선지식善知識입니다. 스님께서는 지난 25년간 한역불경漢譯佛經만을 번역하고 지도하여 이 시대의 위대한 정신적 스승을 양성하기 위해 노력하셨습니다. 부처님의 자랑스러운 자식이자, 인천人天의 스승인 출가자에게 생사를 뛰어넘는 금강金剛의 지혜야말로 가장 귀한 보배임을 강조하시며 중생들의 가슴속에 불법佛法의 커다란 종성鐘聲을 남기고 계십니다.

～～

법문집으로는 불멸1, 2권이 있으며 역경집으로는 백유경, 원각경, 아미타경, 수능엄경, 능가경, 반야심경, 법화경, 유마경 등이 있습니다.

목차

서문

자아自我를 성찰하는 것은 일체중생의 본원本原이다. 어디서 왔고 어디로 가며, 내가 무엇인지를 알고 싶어 하지 않는 존재는 없다. 나아가 가문의 조상을 찾고 민족의 뿌리를 찾는 등 인생을 살아가는 주인공인 자아의 근본을 탐구하는 마음은 누구에게나 존재한다. 결국 모든 중생이 나로서 살아가고 있으니 만일 "나는 자아를 찾지 않아도 된다."고 말하는 이가 있다면 그것이야말로 스스로 악도惡道를 걷겠다는 어리석은 선언이다. 하지만 목전의 명색과 금전을 추종하여 질주하는 이 세상 속에서 홀로 돌연히 멈추어 본연의 문제를 해결하려는 시도를 갖는다는 것은 매우 어려운 일이 아닐 수 없다. 그것은 단순한 시도만으로도 충분히 위대한 일이라 하겠으며, 나아가 문제에 대한 해답을 찾아낸다는 것은 온 세상을 향한 축복이요 최제일最第一의 기적이라 해야 할 것이다.

2600여년 전 바로 그 기적을 이루었던 인도의 한 왕자의 발자국을 따라 이 시대에도 삶의 가치의 경중輕重과 시비是非를 초월하여 이 삶과 내 자신의 진정한 모습 즉, 인류 근본의 명제에 대한 해답을 끊임없이 추구하는 용맹한 이들이 있으니 그 이름을 바로 수행자修行者라 한다. 모든 것을 포기하고 수행의 길을 걸으리라는 용단을 내린 수행자가 부처님의 가르침대로 사유思惟하고 호념護念하여 내 자신의 무한함을 찾아 수행하는 것은 온 인류의 공통된 숙제를 대신 두 어깨에 올리고 해결하려는 위대한 일이 아닐 수 없다.

올바른 경전 번역문의 부재로 긴 세월을 방황하고 허비했던 내 지난날의 외로웠던 수행을 떠올리며 인류의 최고이자 최후의 과제인 자아성찰을 함에 있어 이 사경집이 기본적인 지침서가 되었으면 하는 바람이다. 법문을 들은 바로 그 자리에서 부처님의 가르침을 확인하고, 이어 내 본래의 모습과 그 위대함에 감동하는 수행자의 환희심이야말로 근거 없는 가르침으로 혹세무민하는 이 시대의 불교를 바로잡는 초석이 될 것이다. 이 사경집을 신심信心으로 공부하는 동안 본 번역문에 대한 해설서가 출간되어 자세한 설명을 볼 수 있겠지만, 먼저 부처님께서 말씀하신 천상천하유아독존天上天下唯我獨尊의 진정한 나를 찾겠다는 간절한 마음으로 읽고 외우고 사경寫經하고 깊이 사유하는 것, 이것이 이 책의 목적이다.

견해는 기억을 이루고 기억은 다시 견해를 만드니 위대한 견해를 배우면 위대한 기억이 되고, 위대한 기억은 다시 위대한 견해를 만들게 되어 스스로의 수행에 발전이 있게 된다. 중생을 이루던 깨달음의 법칙 그대로를 이용하여 부처를 이루는 수행의 결과를 만드는 것이다. 그 법칙을 제외한 다른 법칙은 없기 때문이다.

석가세존으로부터 전법되어 온 심의深義를 배우고 익혀 그것으로 세상을 바라보고 다시 기억하는 것을 수지독송受持讀誦이라 한다. 불경을 종이에 옮겨 적는 사경으로 시작하여 내 정신 속에 불경을 새기는 사경으로 수지독송의 불과佛果를 꼭 성취하길 바란다. 나의 견해를 스스로 무시하고 스승의 가르침을 받아 지니고 읽고 외우는 것으로 중생의 어리석은 견해가 부처님의 견해로 바뀔 때까지 수행정진해야 할 것이다.

세상은 전부 바깥으로만 달려간다. 내면을 돌아보지 않고 끝으로 간다. 빛이 앞으로 나아갈수록 어두워지는 이유는 빛의 힘이 약해지기 때문이고 더 약해져서 사라진다면 결국 어둠이 되듯이, 우리의 정신이 분별로 나아가는 것은 곧 그 힘이 약해지는 것이므로 사방역처四方易處의 무명無明 속으로 빠져들 것이 자명한 일이다. 본 금강경에서 수보리존자가 우리에게 보여주듯이 본질의 모습을 찾아가는 것은 무한하게 환희로운 일일 수밖에 없다. 가슴속에 이 세상에 없던 미증유未曾有의 법열法悅을 얻을 때까지 부지런히 노력하라. 부처님의 금구성언金口聖言을 가벼이 여기지 말고 신명身命을 다해 간곡하게 사경하라. 되새기고 되새기라.

불기2560년 여름.
사문 이각.

定慧 불경연구원 사경집

금강경

金剛般若波羅蜜經

1

이각스님 譯

지혜의 눈

第一

法會因由分

如是我聞一時佛在舍衛國祇樹給
孤獨園與大比丘衆千二百五十人
俱

정혜불경연구원

이와 같음이 나임을 들었다.

대 비구의 무리 천이백오십으로써 사람을 갖춘 채 사위국 기수급 고독원에 하나의 시간인 부처가 있다.

如	是	我	聞	一	時	佛	
如	是	我	聞	一	時	佛	
在	舍	衛	國	祇	樹	給	
在	舍	衛	國	祇	樹	給	

정혜불경연구원

孤	獨	園	與	大	比	丘	衆
孤	獨	園	與	大	比	丘	衆
千	二	百	五	十	人	俱	
千	二	百	五	十	人	俱	

爾時世尊食時著衣持鉢入舍衛大
城乞食於其城中次第乞已還至本
處飯食訖收衣鉢洗足已敷座而坐

이 시간이 세존의 식사 시간이라 의복을 입고 발우를 든 채 사위대성에 들어 먹을 것을 구하되 그 성 가운데서 차례대로 탁발을 마치고, 본 처소로 돌아와 식사를 마친 후 의복과 발우를 거두고 발을 씻고 난 뒤 자리를 펴고 앉았다.

爾 時 世 尊 食 時 著 衣

爾 時 世 尊 食 時 著 衣

持 鉢 入 舍 衛 大 城

持 鉢 入 舍 衛 大 城

乞	食	於	其	城	中	次	第
乞	食	於	其	城	中	次	第
乞	已	還	至	本	處		
乞	已	還	至	本	處		

飯	食	訖	收	衣	鉢		
飯	食	訖	收	衣	鉢		
洗	足	已	敷	座	而	坐	
洗	足	已	敷	座	而	坐	

第二 善現起請分

時長老須菩提在大衆中卽從座起
偏袒右肩右膝著地合掌恭敬而白
佛言

이때 장로 수보리가 대중 가운데 있다가
그대로 자리를 따라 일어나 오른쪽 어깨를
드러내고 오른쪽 무릎을 땅에 댄 채 합장
으로 공경하며 부처께 말하여 이르기를

時	長	老	須	菩	提		
時	長	老	須	菩	提		
在	大	衆	中	卽	從	座	起
在	大	衆	中	卽	從	座	起

정혜불경연구원

偏	袒	右	肩	右	膝	著	地
偏	袒	右	肩	右	膝	著	地
合	掌	恭	敬	而	白	佛	言
合	掌	恭	敬	而	白	佛	言

希有世尊如來善護念諸菩薩善付
囑諸菩薩世尊善男子善女人發阿
耨多羅三藐三菩提心應云何住云
何降伏其心佛言善哉善哉

정혜불경연구원

여래는 모든 보살의 기억을 선하게 보호하며 모든 보살의 부탁을 선으로 촉구하니 세상에 있기 힘든 존귀함이십니다. 세존이시여 선남자와 선여인에서 발생되는 아뇩다라삼먁삼보리심이거늘 어떻게 머물고 어떻게 그 마음이 항복되는 것을 상응해야 합니까?

부처께서 말씀하시기를 선에서 시작되니 시작되어도 선하니라.

希	有	世	尊	如	來		
希	有	世	尊	如	來		
善	護	念	諸	菩	薩		
善	護	念	諸	菩	薩		

善	付	囑	諸	菩	薩		
善	付	囑	諸	菩	薩		
世	尊	善	男	子	善	女	人
世	尊	善	男	子	善	女	人

發	阿	耨	多	羅	三	藐	三
發	阿	耨	多	羅	三	藐	三
菩	提	心	應	云	何	住	
菩	提	心	應	云	何	住	

云	何	降	伏	其	心	佛	言
云	何	降	伏	其	心	佛	言
善	哉	善	哉				
善	哉	善	哉				

須菩提如汝所說如來善護念諸菩
薩善付囑諸菩薩汝今諦聽當爲汝
說善男子善女人發阿耨多羅三藐
三菩提心應如是住如是降伏其心
唯然世尊願樂欲聞

수보리여 네가 설한 바와 같이 여래는 모든 보살의 기억을 선하게 보호하며 모든 보살의 부탁을 선으로 촉구하니 네가 지금 '선남자와 선여인에서 아뇩다라삼먁삼보리심이 발생한다.'고 하는 너의 설명을 당면한 채 자세히 살피며 들어보면 이와 같이 머물고 이와 같이 그 마음이 항복되는 것을 상응케 될 것이다.

비록 그렇다 하더라도 세존이시여 즐거움을 원하기에 듣고자 합니다.

須	菩	提	如	汝	所	說	
須	菩	提	如	汝	所	說	

如	來	善	護	念	諸	菩	薩
如	來	善	護	念	諸	菩	薩

善	付	囑	諸	菩	薩		
善	付	囑	諸	菩	薩		
汝	今	諦	聽	當	爲	汝	說
汝	今	諦	聽	當	爲	汝	說

善	男	子	善	女	人		
善	男	子	善	女	人		
發	阿	耨	多	羅	三	藐	三
發	阿	耨	多	羅	三	藐	三

정혜불경연구원

菩	提	心	應	如	是	住	
菩	提	心	應	如	是	住	
如	是	降	伏	其	心		
如	是	降	伏	其	心		

唯	然	世	尊	願	樂	欲	聞
唯	然	世	尊	願	樂	欲	聞

第三 大乘正宗分

佛告須菩提諸菩薩摩訶薩應如是
降伏其心所有一切衆生之類若卵
生若胎生若濕生若化生若有色若
無色若有想若無想若非有想非無
想我皆令入無餘涅槃而滅度之如
是滅度無量無數無邊衆生實無衆
生得滅度者

부처께서 수보리에게 고하시기를 모든 보살마하살은 이와 같이 난생이거나, 태생이거나, 습생이거나, 화생이거나, 색이 있거나, 색이 없거나, 생각이 있거나, 생각이 없거나, 생각이 있는 것도 아니고 생각이 없는 것도 아니거나, 있다 하는 바 일체 중생의 종류가 다 나로 하여금 사라짐으로 건너가 남음이 없는 열반에 들어감으로써 그 마음이 항복됨을 상응하는데, 이와 같이 무량, 무수, 무변한 중생이 건너가 사라져도 사라짐으로 건너간 자로서 얻어지는 중생의 실체는 없다.

佛	告	須	菩	提	諸	菩	薩
佛	告	須	菩	提	諸	菩	薩
摩	訶	薩	應	如	是		
摩	訶	薩	應	如	是		

降	伏	其	心	所	有	一	切
降	伏	其	心	所	有	一	切
衆	生	之	類	若	卵	生	
衆	生	之	類	若	卵	生	

若	胎	生	若	濕	生	若	化
若	胎	生	若	濕	生	若	化
生	若	有	色	若	無	色	
生	若	有	色	若	無	色	

若 有 想 若 無 想

若 有 想 若 無 想

若 非 有 想 非 無 想

若 非 有 想 非 無 想

我	皆	令	入	無	餘	涅	槃
我	皆	令	入	無	餘	涅	槃

而	滅	度	之	如	是	滅	度
而	滅	度	之	如	是	滅	度

無	量	無	數	無	邊	衆	生
無	量	無	數	無	邊	衆	生
實	無	衆	生	得	滅	度	者
實	無	衆	生	得	滅	度	者

何以故須菩提若菩薩有我相人相
衆生相壽者相卽非菩薩

정혜불경연구원

왜냐하면 수보리여 만약 보살에게 아상,
인상, 중생상, 수자상이 있다면 곧 보살이
아니기 때문이다.

何	以	故	須	菩	提		
何	以	故	須	菩	提		
若	菩	薩	有	我	相	人	相
若	菩	薩	有	我	相	人	相

정혜불경연구원

衆	生	相	壽	者	相		
衆	生	相	壽	者	相		
卽	非	菩	薩				
卽	非	菩	薩				

第四

妙行無住分

復次須菩提菩薩於法應無所住行
於布施所謂不住色布施不住聲香
味觸法布施須菩提菩薩應如是布
施不住於相何以故若菩薩

다시 수보리여 머무는 바 없는 행을 상응
하며 보시함이 보살의 법이니 소위 머물
수 없는 색을 보시하는 것이고, 머물 수 없
는 성향미촉법을 보시하는 것이다. 수보리
여 보살은 머물 수 없는 마주함을 상응하
며 이와 같이 보시하는데, 왜냐하면 만약
보살이

復次須菩提

菩薩於法應無所住

정혜불경연구원

行 於 布 施

所 謂 不 住 色 布 施

不	住	聲	香	味	觸	法	布
不	住	聲	香	味	觸	法	布
施	須	菩	提	菩	薩		
施	須	菩	提	菩	薩		

定慧 정혜불경연구원

應	如	是	布	施	不	住	於
應	如	是	布	施	不	住	於
相	何	以	故	若	菩	薩	
相	何	以	故	若	菩	薩	

不住相布施其福德不可思量須菩
提於意云何東方虛空可思量不不
也世尊

정혜불경연구원

머물 수 없는 마주함을 보시한다면 그 복
덕도 생각으로 헤아릴 수 없기 때문이다.
수보리의 뜻은 어떻다고 하겠는가? 동방
허공을 생각으로 헤아린다는 것이 가능하
지 않겠는가?
그럴 수 없습니다. 세존이시여.

不 住 相 布 施 其 福 德

不 可 思 量 須 菩 提

정혜불경연구원

於	意	云	何	東	方	虛	空
於	意	云	何	東	方	虛	空
可	思	量	不	不	也	世	尊
可	思	量	不	不	也	世	尊

須菩提南西北方四維上下虛空可
思量不不也世尊須菩提菩薩無住
相布施福德亦復如是不可思量須
菩提菩薩但應如所教住

수보리여 남서북방 사유상하 허공을 생각
으로 헤아린다는 것이 가능하지 않겠는
가?
그럴 수 없습니다. 세존이시여.
수보리여 머묾이 없는 마주함을 보시하는
보살의 복덕도 역시 또 이와 같이 생각으
로 헤아린다는 것은 불가능한 것이다. 수
보리여 보살은 단지 가르쳐준 바와 같이
상응함에 머무는 것이다.

須	菩	提	南	西	北	方	
須	菩	提	南	西	北	方	
四	維	上	下	虛	空		
四	維	上	下	虛	空		

可	思	量	不	不	也	世	尊
可	思	量	不	不	也	世	尊
須	菩	提	菩	薩	無	住	相
須	菩	提	菩	薩	無	住	相

布	施	福	德	亦	復	如	是
布	施	福	德	亦	復	如	是
不	可	思	量				
不	可	思	量				

須	菩	提	菩	薩			
須	菩	提	菩	薩			
但	應	如	所	敎	住		
但	應	如	所	敎	住		

第五

如理實見分

須菩提於意云何可以身相見如來
不不也世尊不可以身相得見如來
何以故如來所說身相卽非身相佛
告須菩提凡所有相皆是虛妄若見
諸相非相則見如來

정혜불경연구원

수보리의 뜻은 어떻다고 하겠는가? 몸을 마주함으로써 여래를 봄이 가능하지 않겠는가?

그럴 수 없습니다. 세존이시여. 몸을 마주함으로써 여래를 친견함을 얻는다는 것은 불가능합니다. 왜냐하면 여래가 설해 내는 바로써 마주하게 되는 몸이란 곧 아닌 몸을 마주하는 것입니다.

부처께서 수보리에게 고하시길 보통 있음으로 마주하는 바가 다 이 허망함이니 만약 마주하던 모든 것을 마주함이 아닌 것으로 본다면 법칙적인 여래를 보는 것이다.

須	菩	提	於	意	云	何
須	菩	提	於	意	云	何
可	以	身	相	見	如	來	不
可	以	身	相	見	如	來	不

不	也	世	尊	不	可	以	身
不	也	世	尊	不	可	以	身
相	得	見	如	來	何	以	故
相	得	見	如	來	何	以	故

如 來 所 說 身 相

如 來 所 說 身 相

即 非 身 相

即 非 身 相

佛	告	須	菩	提			
佛	告	須	菩	提			
凡	所	有	相	皆	是	虛	妄
凡	所	有	相	皆	是	虛	妄

若	見	諸	相	非	相		
若	見	諸	相	非	相		
則	見	如	來				
則	見	如	來				

第六 正信希有分

正慧

須菩提白佛言世尊頗有衆生得聞
如是言說章句生實信不佛告須菩
提莫作是說如來滅後後五百歲有
持戒修福者於此章句能生信心

수보리가 부처께 말씀하여 사뢰기를 세존이시여 있음으로 치우친 중생들이 이와 같은 언설과 문장, 구문을 얻어 듣고도 실답다는 믿음이 생겨날 수 없을 것 같습니다. 부처께서 수보리에게 고하시길 이런 말은 짓지 말도록 하라. 여래가 멸한 후 오백세가 지나도 계를 지니고 복을 닦는 자가 있으리니 이 문장과 문구에 쉽사리 믿는 마음이 생김으로써

須	菩	提	白	佛	言	世	尊
須	菩	提	白	佛	言	世	尊
頗	有	衆	生	得	聞	如	是
頗	有	衆	生	得	聞	如	是

정혜불경연구원

言	說	章	句	生	實	信	不
言	說	章	句	生	實	信	不
佛	告	須	菩	提			
佛	告	須	菩	提			

莫 作 是 說 如 來

滅 後 後 五 百 歲

有 持 戒 修 福 者

於 此 章 句 能 生 信 心

以此爲實當知是人不於一佛二佛
三四五佛而種善根已於無量千萬
佛所種諸善根聞是章句乃至一念
生淨信者須菩提如來悉知悉見是
諸衆生

이를 실답다고 하며 당면됨으로 아는 이
사람은 한 부처나 두 부처 셋, 넷, 다섯 부
처께만 선근을 심은 것이 아니고 이미 헤
아릴 수 없는 천만 부처의 처소에 모든 선
근을 심은 것이기에 이 문장과 문구를 듣
거나 나아가 일념에도 맑은 믿음이 생겨날
것이다.
수보리여 여래로 다 알고 다 보는 이 모든
중생이

以 此 爲 實 當 知 是 人

不 於 一 佛 二 佛 三 四

五	佛	而	種	善	根		
五	佛	而	種	善	根		
已	於	無	量	千	萬	佛	所
已	於	無	量	千	萬	佛	所

句	章	是	聞	根	善	諸	種
句	章	是	聞	根	善	諸	種

者	信	淨	生	念	一	至	乃
者	信	淨	生	念	一	至	乃

정혜불경연구원

須	菩	提	如	來	悉	知	悉
須	菩	提	如	來	悉	知	悉
見	是	諸	衆	生			
見	是	諸	衆	生			

得如是無量福德何以故是諸衆生
無復我相人相衆生相壽者相無法
相亦無非法相何以故是諸衆生若
心取相則爲著我人衆生壽者若取
法相即著我人衆生壽者何以故若
取非法相即著我人衆生壽者是故

얻는 복덕은 이와 같이 헤아릴 수 없다.

왜냐하면 이 모든 중생에게는 또 아상, 인상, 중생상, 수자상도 없으며 법상도 없으니 역시 법상이 아님도 없기 때문이다.

왜냐하면 이 모든 중생이 만약 마주함을 취한 마음이라면 법칙적으로 아, 인, 중생, 수자가 드러날 것이고 만약 마주하는 법을 취하더라도 곧 아, 인, 중생, 수자가 드러날 것이기 때문이다.

왜 그런가하면 만약 마주하지 않는 법을 취하더라도 곧 아, 인, 중생, 수자가 드러날 것이기 때문이다. 이렇기에

得	如	是	無	量	福	德	
得	如	是	無	量	福	德	
何	以	故	是	諸	衆	生	
何	以	故	是	諸	衆	生	

정혜불경연구원

無	復	我	相	人	相		
無	復	我	相	人	相		
衆	生	相	壽	者	相		
衆	生	相	壽	者	相		

無	法	相	亦	無	非	法	相
無	法	相	亦	無	非	法	相
何	以	故	是	諸	衆	生	
何	以	故	是	諸	衆	生	

若	心	取	相	則	爲	著	我
若	心	取	相	則	爲	著	我
人	衆	生	壽	者			
人	衆	生	壽	者			

若	取	法	相	卽	著	我	人
若	取	法	相	卽	著	我	人
衆	生	壽	者	何	以	故	
衆	生	壽	者	何	以	故	

정혜불경연구원

若	取	非	法	相	即	著	我
若	取	非	法	相	即	著	我
人	衆	生	壽	者	是	故	
人	衆	生	壽	者	是	故	

不應取法不應取非法以是義故如
來常說汝等比丘知我說法如筏喻
者法尚應捨何況非法

정혜불경연구원

취할 법이라 상응하지도 않고 취할 법이
아니라고 상응하지도 않음으로써 올바른
이것이 되기 때문이다.
여래가 항상 너와 같은 비구들에게 설하는
법도 내가 설한 뗏목의 비유처럼 알고, 법
도 오히려 버려야 할 것으로 상응해야 할
것인데 하물며 법이 아님은 어떻게 하겠는
가?

不 應 取 法 不 應 取 非

法 以 是 義 故

정혜불경연구원

如	來	常	說	汝	等	比	丘
如	來	常	說	汝	等	比	丘

知	我	說	法	如	筏	喻	者
知	我	說	法	如	筏	喻	者

法 尙 應 捨 何 況 非 法

法 尙 應 捨 何 況 非 法

정혜불경연구원

第七 無得無說分

須菩提於意云何如來得阿耨多羅
三藐三菩提耶如來有所說法耶須
菩提言如我解佛所說義無有定法
名阿耨多羅三藐三菩提亦

수보리의 뜻은 어떻다고 하겠는가? 여래
가 아뇩다라삼먁삼보리를 얻겠는가? 여래
가 설한 바 법이 있겠는가?
수보리가 말하기를 부처께서 설한 바 정의
를 내가 이해한 것과 같이 결정되어 있는
법이 없기에 아뇩다라삼먁삼보리라 이름
하고 역시

須 菩 提 於 意 云 何

如 來 得 阿 耨 多 羅

정혜불경연구원

三	藐	三	菩	提	耶		
三	藐	三	菩	提	耶		
如	來	有	所	說	法	耶	
如	來	有	所	說	法	耶	

須	菩	提	言	如	我	解	佛
須	菩	提	言	如	我	解	佛
所	說	義	無	有	定	法	
所	說	義	無	有	定	法	

정혜불경연구원

名	阿	耨	多	羅	三	藐	三
名	阿	耨	多	羅	三	藐	三
菩	提	亦					
菩	提	亦					

無有定法如來可說何以故如來所
說法皆不可取不可說非法非非法
所以者何一切賢聖皆以無爲法而
有差別

정혜불경연구원

결정되어 있는 법이 없기에 여래가 설할 수 있는 것입니다. 왜냐하면 여래가 설한 바 법은 다 취함이 불가능하고 설함도 불가능하고 법이 아니며 법이 아닌 것도 아니니 왜 그런가 하면 일체의 현성도 다 무위법으로써의 차별이 있게 된 것이기 때문입니다.

無	有	定	法	如	來	可	說
無	有	定	法	如	來	可	說

何	以	故	如	來	所	說	法
何	以	故	如	來	所	說	法

皆不可取不可說

非法非非法

所 以 者 何 一 切 賢 聖

皆 以 無 爲 法

而 有 差 別

而 有 差 別

第八

依法出生分

須菩提於意云何若人滿三千大千
世界七寶以用布施是人所得福德
寧爲多不須菩提言甚多世尊何以
故是福德卽非福德性是故如來說
福德多

정혜불경연구원

수보리의 뜻은 어떻다 하겠는가? 만약 사람이 삼천대천세계에 가득한 칠보를 이용하여 보시를 한다면 이 사람이 얻은 바 복덕이 차라리 많다고 해야 하지 않겠는가?

수보리가 말하기를 대단히 많습니다. 세존이시여. 왜냐하면 이 복덕이란 곧 복덕성이 아니기 때문이며 이렇기 때문에 여래가 설해내는 복덕이 많다는 것입니다.

須	菩	提	於	意	云	何	若
須	菩	提	於	意	云	何	若
人	滿	三	千	大	千	世	界
人	滿	三	千	大	千	世	界

정혜불경연구원

七	寶	以	用	布	施	是	人
七	寶	以	用	布	施	是	人
所	得	福	德	寧	爲	多	不
所	得	福	德	寧	爲	多	不

須	菩	提	言	甚	多	世	尊
須	菩	提	言	甚	多	世	尊
何	以	故	是	福	德		
何	以	故	是	福	德		

정혜불경연구원

卽	非	福	德	性			
卽	非	福	德	性			

是	故	如	來	說	福	德	多
是	故	如	來	說	福	德	多

若復有人於此經中受持乃至四句
偈等爲他人說其福勝彼何以故須
菩提一切諸佛及諸佛阿耨多羅三
藐三菩提法皆從此經出須菩提所
謂佛法者卽非佛法

만약 또 사람이 있어 이 경 가운데서 느끼고 지니거나 나아가 타인을 위해 사구게의 평등함을 설명한다면 그 복이 저보다 수승할 것이다. 왜냐하면 수보리여 일체 모든 부처와 모든 부처의 아뇩다라삼먁삼보리법까지도 다 이 경을 따라 나오기 때문이니, 수보리여 소위 불법이란 것도 곧 불법이 아닌 것이다.

若	復	有	人	於	此	經	中
若	復	有	人	於	此	經	中
受	持	乃	至	四	句	偈	等
受	持	乃	至	四	句	偈	等

爲 他 人 說 其 福 勝 彼

何 以 故 須 菩 提

阿	佛	諸	及	佛	諸	切	一
阿	佛	諸	及	佛	諸	切	一

提	菩	三	藐	三	羅	多	耨
提	菩	三	藐	三	羅	多	耨

法 皆 從 此 經 出

法 皆 從 此 經 出

須 菩 提 所 謂 佛 法 者

須 菩 提 所 謂 佛 法 者

即 非 佛 法

即 非 佛 法

第九

一相無相分

須菩提於意云何須陁洹能作是念
我得須陁洹果不須菩提言不也世
尊何以故須陁洹名爲入流而無所
入不入色聲香味觸法是名須陁洹

수보리의 뜻은 어떻다 하겠는가? 수다원이 '나는 수다원과를 얻었다.'고 스스로 이런 생각을 짓지 않겠는가?

수보리가 말하기를 '아닙니다. 세존이시여. 왜냐하면 수다원이란 흐름에 들었다고 이름하지만 들어갈 바가 없기 때문입니다. 색, 성, 향, 미, 촉, 법에는 들어갈 수 없기에 이를 수다원이라 이름하는 것입니다.'

須菩提於意云何

須陁洹能作是念

我	得	須	陁	洹	果	不	
我	得	須	陁	洹	果	不	

須	菩	提	言	不	也	世	尊
須	菩	提	言	不	也	世	尊

何 以 故 須 陁 洹

名 爲 入 流 而 無 所 入

정혜불경연구원

不 入 色 聲 香 味 觸 法

不 入 色 聲 香 味 觸 法

是 名 須 陁 洹

是 名 須 陁 洹

須菩提於意云何斯陁含能作是念
我得斯陁含果不須菩提言不也世
尊何以故斯陁含名一往來而實無
往來是名斯陁含須菩提於意云何

수보리의 뜻은 어떻다 하겠는가? 사다함
이 '나는 사다함과를 얻었다.'고 스스로
이런 생각을 짓지 않겠는가?
수보리가 말하기를 '아닙니다. 세존이시
여. 왜냐하면 사다함이란 하나가 왕래함을
이름하지만 왕래함의 실체가 없기 때문에
이를 사다함이라 이름하기 때문입니다.'
수보리의 뜻은 어떻다 하겠는가?

須菩提於意云何

斯陁含能作是念

我	得	斯	陁	含	果	不	
我	得	斯	陁	含	果	不	

須	菩	提	言	不	也	世	尊
須	菩	提	言	不	也	世	尊

何	以	故	斯	陁	含	名	
何	以	故	斯	陁	含	名	
一	往	來	以	實	無	往	來
一	往	來	以	實	無	往	來

是名斯陁含

是名斯陁含

須菩提於意云何

須菩提於意云何

阿那含能作是念我得阿那含果不
須菩提言不也世尊何以故阿那含

아나함이 '나는 아나함과를 얻었다.' 고
스스로 이런 생각을 짓지 않겠는가?
수보리가 말하기를 '아닙니다. 세존이시
여. 왜냐하면 아나함이란

阿	那	含	能	作	是	念	
阿	那	含	能	作	是	念	
我	得	阿	那	含	果	不	
我	得	阿	那	含	果	不	

정혜불경연구원

須	菩	提	言	不	也	世	尊
須	菩	提	言	不	也	世	尊
何	以	故	阿	那	含		
何	以	故	阿	那	含		

名爲不來而實無來是故名阿那含
須菩提於意云何阿羅漢能作是念
我得阿羅漢道不須菩提言不也世
尊何以故實無有法名阿羅漢

오지 않음을 이름하지만 옴의 실체가 없기 때문이고, 이렇기 때문에 아나함이라 이름하는 것입니다.'

수보리의 뜻은 어떻다 하겠는가? 아라한이 '나는 아라한의 도를 얻었다.'고 스스로 이런 생각을 짓지 않겠는가?

수보리가 말하기를 '아닙니다. 세존이시여. 왜냐하면 있다는 법의 실체가 없기에 아라한이라 이름하기 때문입니다.'

名 爲 不 來 而 實 無 來

名 爲 不 來 而 實 無 來

是 故 名 阿 那 含

是 故 名 阿 那 含

정혜불경연구원

須 菩 提 於 意 云 何

須 菩 提 於 意 云 何

阿 羅 漢 能 作 是 念

阿 羅 漢 能 作 是 念

我 得 阿 羅 漢 道 不

須 菩 提 言 不 也 世 尊

何	以	故	實	無	有	法
何	以	故	實	無	有	法
名	阿	羅	漢			
名	阿	羅	漢			

世尊若阿羅漢作是念我得阿羅漢
道卽爲著我人衆生壽者世尊佛說

세존이시여. 만약 아라한이 '나는 아라한
의 도를 얻었다'는 이런 생각을 짓는다면
곧 아, 인, 중생, 수자를 드러내는 것입니
다.
세존이시여 부처께서 설하시기를

世 尊 若 阿 羅 漢 作 是
世 尊 若 阿 羅 漢 作 是

念 我 得 阿 羅 漢 道
念 我 得 阿 羅 漢 道

即 爲 著 我 人 衆 生

壽 者 世 尊 佛 說

我得無諍三昧人中最爲第一是第
一離欲阿羅漢我不作是念我是離
欲阿羅漢世尊我若作是念我得阿
羅漢道世尊則不說須菩提是樂阿
蘭那行者以須菩提實無所行而名
須菩提是樂阿蘭那行

정혜불경연구원

나는 사람 가운데 최고인 무쟁삼매를 얻었기에 제일이라 하시고 이 제일이란 욕망이 떠난 아라한이기에 '나는 이 욕망을 떠난 아라한' 이라는 이런 생각을 내가 지을 수는 없습니다. 세존이시여. 내가 만약 '나는 아라한의 도를 얻었다' 는 이런 생각을 짓는다면 세존께서는 원칙적으로 '수보리는 이 아란나행이라는 것을 즐긴다'고 설하지는 않으실 것이지만 수보리로써 행하는 바 실체가 없는 까닭에 이 아란나행을 즐기는 수보리라고 이름하는 것입니다.

我	得	無	諍	三	昧	人	中
我	得	無	諍	三	昧	人	中

最	爲	第	一	是	第	一	
最	爲	第	一	是	第	一	

離	欲	阿	羅	漢	我	不	作
離	欲	阿	羅	漢	我	不	作
是	念	我	是	離	欲	阿	羅
是	念	我	是	離	欲	阿	羅

漢	世	尊	我	若	作	是	念
漢	世	尊	我	若	作	是	念

我	得	阿	羅	漢	道	世	尊
我	得	阿	羅	漢	道	世	尊

정혜불경연구원

則	不	說	須	菩	提		
則	不	說	須	菩	提		
是	樂	阿	蘭	那	行	者	
是	樂	阿	蘭	那	行	者	

以 須 菩 提 實 無 所 行

以 須 菩 提 實 無 所 行

而 名 須 菩 提

而 名 須 菩 提

정혜불경연구원

是	樂	阿	蘭	那	行		
是	樂	阿	蘭	那	行		

第十

莊嚴淨土分

佛告須菩提於意云何如來昔在然
燈佛所於法有所得不世尊如來在
然燈佛所於法實無所得須菩提於
意云何菩薩莊嚴佛土不

정혜불경연구원

부처께서 이르시길 수보리의 뜻은 어떻다
하겠는가? 여래가 옛적 연등불 처소에 있
으면서 얻는 바 법이 있지 않겠는가?
세존이시여 여래가 연등불 처소에 있으면
서 얻는 바 법의 실체란 없습니다.
수보리의 뜻은 어떻다 하겠는가? 보살이
불토를 장엄하지 않겠는가?

佛 告 須 菩 提
佛 告 須 菩 提

於 意 云 何 如 來 昔 在
於 意 云 何 如 來 昔 在

然	燈	佛	所	於	法		
然	燈	佛	所	於	法		
有	所	得	不	世	尊		
有	所	得	不	世	尊		

如	來	在	然	燈	佛	所	
如	來	在	然	燈	佛	所	
於	法	實	無	所	得		
於	法	實	無	所	得		

須	菩	提	於	意	云	何	
須	菩	提	於	意	云	何	
菩	薩	莊	嚴	佛	土	不	
菩	薩	莊	嚴	佛	土	不	

不也世尊何以故莊嚴佛土者則非
莊嚴是名莊嚴是故須菩提諸菩薩
摩訶薩應如是生清淨心不應住色
生心不應住聲香味觸法生心應無
所住而生其心

아닙니다. 세존이시여. 왜냐하면 불토가 장엄된다는 것은 원칙적으로 장엄이 아니며 이 이름이 장엄입니다.

이렇기 때문에 수보리여 모든 보살마하살은 이와 같은 청정함에서 마음이 생겨남을 상응할 뿐 머무는 색에서 마음이 생겨난다고 상응치 않으며, 머무는 성, 향, 미, 촉, 법에서 마음이 생겨난다고 상응치 않으니 머무는 바가 없음에도 기존의 마음이 생겨났음을 상응하는 것이다.

不	也	世	尊	何	以	故	莊
不	也	世	尊	何	以	故	莊

嚴	佛	土	者	則	非	莊	嚴
嚴	佛	土	者	則	非	莊	嚴

是 名 莊 嚴 是 故 須 菩

提 諸 菩 薩 摩 訶 薩

應	如	是	生	清	淨	心	
應	如	是	生	清	淨	心	
不	應	住	色	生	心	不	應
不	應	住	色	生	心	不	應

정혜불경연구원

住	聲	香	味	觸	法	生	心
住	聲	香	味	觸	法	生	心

應	無	所	住	而	生	其	心
應	無	所	住	而	生	其	心

須菩提譬如有人身如須彌山王於
意云何是身爲大不須菩提言甚大
世尊何以故佛說非身是名大身

정혜불경연구원

비유하건대 마치 수미산왕과 같은 몸의 사람이 있다면 수보리의 뜻은 어떻다 하겠는가? 이 몸을 크다고 해야 하지 않겠느냐? 수보리가 말하기를 대단히 큽니다. 세존이시여. 왜냐하면 부처로부터 설해짐은 몸이 아니지만 이를 이름하여 큰 몸이라고 하시기 때문입니다.

須 菩 提 譬 如 有 人

身 如 須 彌 山 王

於	意	云	何	是	身	爲	
於	意	云	何	是	身	爲	
大	不	須	菩	提	言	甚	大
大	不	須	菩	提	言	甚	大

世 尊 何 以 故 佛 說

世 尊 何 以 故 佛 說

非 身 是 名 大 身

非 身 是 名 大 身

南無釋迦牟尼佛
南無釋迦牟尼佛
南無是我本師釋迦牟尼佛

南無釋迦牟尼佛
南無釋迦牟尼佛
南無是我本師釋迦牟尼佛

책값은 뒤표지에 있습니다.
잘못된 책은 구입하신 곳에서 바꾸어 드립니다.